20075084R00068

Made in the USA
Lexington, KY
02 December 2018